THE THREE GORGES SCENERY
GRAND WONDERS

诗画三峡

宋华久 摄

中国三峡出版传媒

中国三峡出版社

图书在版编目（CIP）数据

诗画三峡／宋华久摄．—北京：中国三峡出版社，2016.7
（视觉三峡）
ISBN 978-7-80223-925-8

Ⅰ．①诗… Ⅱ．①宋… Ⅲ．①三峡－摄影集 Ⅳ．① K928.42-64

中国版本图书馆 CIP 数据核字（2016）第 139975 号

中国三峡出版社出版发行
（北京市西城区西廊下胡同 51 号　100034）
电话：(010) 66112758　66116828
http://www.zgsxcbs.cn
E-mail: sanxiaz@sina.com

北京市十月印刷有限公司印刷　新华书店经销
2016 年 7 月第 1 版　2016 年 7 月第 1 次印刷
开本：787×1092 毫米　1/16　印张：11.5

ISBN 978-7-80223-925-8　定价：168.00 元

目　录

001　　　西陵峡·新滩春色

003　　　西陵峡·平湖渔歌

005　　　西陵峡·洪波曲

005　　　西陵峡·雾涌峡江

007　　　西陵峡·三峡大坝

009　　　西陵峡·屈原故里赛龙舟

011　　　西陵峡·风吹茉花香两岸

013　　　西陵峡·至喜亭

013　　　西陵峡·三游洞

015　　　西陵峡·南津关

017　　　西陵峡·明月湾夕照

019　　　西陵峡·风雪归途

021　　　西陵峡·孤帆远影浪淘沙

023　　　西陵峡·库区春意浓

025　　　西陵峡·明月湾奇观

027　　　西陵峡·昭君故里

029　　　西陵峡·屈原诞生地乐平里

031　　　西陵峡·秋韵

033　　　西陵峡·中堡岛

035　　　西陵峡·峡上新绿

037　　　西陵峡·兰草谷

039　　　西陵峡·天生桥

041　　　西陵峡·江上石牌明月峡

043　　　西陵峡·峡江橘红

045　　　西陵峡·兵书宝剑峡

047　　　西陵峡·香溪珍珠潭

049　西陵峡·牛肝马肺峡

051　西陵峡·香溪源欢歌

053　西陵峡·牛肝马肺大拐弯

055　西陵峡·泉水叮咚

057　西陵峡·三峡人家

059　西陵峡·崆岭孤帆

061　巫峡·碚石奇岩

063　巫峡·逆水行舟

065　巫峡·铁棺峡

067　巫峡·大宁河

069　巫峡·长江从家门前过

071　巫峡·月明风清蝉静

073　巫峡·青石春雨

075　巫峡·巫峡常吹千里风

077　巫峡·山雨欲来

079　巫峡·舟从地窟行

081　巫峡·一江春水金不换

083　巫峡·倚天小立玉芙蓉

085　巫峡·链子溪

087　巫峡·银装素裹栗子坪

089　巫峡·朝霞

090　巫峡·十二峰

093　巫峡·神女溪

095　巫峡·天光云影

097　巫峡·飞凤峰顶瞰巫峡

099　巫峡·青石两岸

101   巫峡·望霞乡

103   巫峡·百万大山奔眼底

105   巫峡·一镜难求

107   巫峡·秋风又过大宁河

109   巫峡·千年古樟

111   巫峡·独立千古

113   巫峡·翠屏

115   巫峡·跳石

117   巫峡·大面山远眺

119   巫峡·忽有奇观来眼底

121   巫峡·断桥横作上天梯

123   巫峡·大溪骡马古道

125   瞿塘峡·年年五月色相似

127   瞿塘峡·白盐山

129   瞿塘峡·栈道

131   瞿塘峡·尽览八千米瞿塘

133   瞿塘峡·黑石印象

135   瞿塘峡·黄金水道

137   瞿塘峡·春风无语戏白云

139   瞿塘峡·两岸插空起如削

141   瞿塘峡·瞿塘险过百牢关

143   瞿塘峡·库区牧羊

145   瞿塘峡·壁历千仞

147   瞿塘峡·两岸猿声啼不住

149   瞿塘峡·千里江陵一日还

151   瞿塘峡·万险一舟安

153   瞿塘峡·晨晖

155   瞿塘峡·西江石壁

157   瞿塘峡·白帝湖

159   瞿塘峡·会当凌绝顶

161   瞿塘峡·水八阵白帝城

163   瞿塘峡·白帝城观星亭

165   瞿塘峡·赤甲晴晖

167   瞿塘峡·瞿塘如镜平

169   瞿塘峡·白盐山

171   瞿塘峡·夜航

173   瞿塘峡·锁江铁柱

175   瞿塘峡·朝辞白帝

西陵峡·新滩春色

水调歌头·游泳

毛泽东（现代）

才饮长沙水，　　予在川上曰：　　更立西江石壁，
又食武昌鱼。　　逝者如斯夫！　　截断巫山云雨，
万里长江横渡，　风樯动，　　　　高峡出平湖。
极目楚天舒。　　龟蛇静，　　　　神女应无恙，
不管风吹浪打，　起宏图。　　　　当惊世界殊。
胜似闲庭信步，　一桥飞架南北，
今日得宽余。　　天堑变通途。

西陵峡 · 平湖渔歌

过西陵峡

　　郭沫若（现代）

秭归胜迹溯源长，
峡到西陵气混茫。
屈子衣冠犹有冢，
明妃脂粉尚流香。
兵书宝剑存形似，
马肺牛肝说寇狂。
三斗坪前今日过，
他年水坝起高墙。

西陵峡·洪波曲

西陵峡·雾涌峡江

念奴娇·三峡大坝

冯志杰（当代）

横空出世，　　　　　　回首遥想千年，
西江壁，　　　　　　　肆水横溢，
奔腾江水骤阑。　　　　凄凄哀鸿唉。
峻谷西陵天险处，　　　注昔悠悠随川逝，
宏图已化奇迹。　　　　而今大河着意。
高峡平湖，　　　　　　泽润田禾，
碧水连空，　　　　　　启亮灯万盏，
制伏巫山雨。　　　　　村郭生熠。
西楚天际，　　　　　　今日戎禹，
风展画卷绮丽。　　　　又筑丰碑耸立！

西陵峡·三峡大坝

归州重五

陆游（宋）

斗舸红旗满急湍，
船窗睡起亦闲看。
屈平乡国逢重五，
不比当年角黍盘。

西陵峡·屈原故里赛龙舟

西陵峡

杨炯（唐）

绝壁耸万仞，　　楚都昔全盛，　　四维不复设，　　自古天地辟，　　及余践斯地，
长波射千里。　　高丘烜望祀。　　关塞夏难特。　　流为峡中水。　　瑰奇信为美。
盘薄荆之门，　　秦兵一旦侵，　　洞庭且忽焉，　　行旅相赠言，　　江山若有灵，
滔滔南国纪。　　夷陵火潜起。　　孟门终已矣。　　风涛无极已。　　千载伸知己。

西陵峡·风吹茶花香两岸

三游洞

陈琨（明）

三游人去郁苍苍，
洞口蝉声恼夕阳。
苔气荒凉馀霸业，
碑痕斑驳见文章。
云奔绝壑听疑雨，
乳滴寒岩凝似霜。
乘兴不须凭吊古，
口间杯到莫相妨。

西陵峡·至喜亭

西陵峡·三游洞

至喜亭

严发桢（清）

凶滩历遍到州城，
蜀道三千次第行。
共说来丰当塞耸，
咸瞻至喜傍江横。
船过峡口波初静，
水下夷陵浪始平。
十二荆门堪放棹，
西洲坝外起歌声。

西陵峡·南津关

下新滩

张问陶（清）

大船侧舵推官漕，
小船直下龙门高。
十丈悬流万堆雪，
惊天如看广陵涛。
归州长年绝神俊，
日日放滩如弄潮。
雪浪如雷倏崩散，
青天乍落一声榜。

西陵峡·明月湾夕照

冬日峡中旅泊

刘言史（唐）

霜月明明雪复残，
孤舟夜泊使君滩。
一声钟出远山里，
暗想雪窗僧起寒

西陵峡 · 风雪归流

西陵峡

孙原湘（清）

一滩声过一滩催，
一日舟行几百回。
郢树碧从帆底尽，
楚台青向橹前来。
奔雷峡断风常怒，
障日峰多雾不开。
险绝正当奇绝处，
壮游毋使客心哀。

西陵峡 · 孤帆远影浪淘沙

奉和泛江

庚信（北周）

春江下白帝，　　建平船柿下，
画舸向黄牛。　　荆门战舰浮。
锦缆回沙碛，　　岸社多乔木，
兰桡避荻洲。　　山城足迥楼。
湿花随水泛，　　日落江风静，
空巢逐树流。　　龙吟回上游。

西陵峡 · 库区春意浓

出峡

胡皓（唐）

巴东三峡尽，　　鱼龙潜啸雨，
旷望九江开。　　凫雁动成雷。
楚塞云中出，　　南国秋风晚，
荆门水上来。　　客思几悠哉。

西陵峡·明月湾奇观

咏怀古迹

杜甫（唐）

群山万壑赴荆门，
生长明妃尚有村。
一去紫台连朔漠，
独留青冢向黄昏。
画图省识春风面，
环佩空归月夜魂。
千载琵琶作胡语，
分明怨恨曲中论。

西陵峡·昭君故里

屈原庙

崔涂（唐）

谗胜祸难防，
沉冤信可伤。
本图安楚国，
不是怨怀王。
庙古碑无字，
洲晴蕙有香。
独醒人尚笑，
谁与奠椒浆。

西陵峡·屈原诞生地乐平里

空舲峡

 张问陶（清）

山头晴雪玉玲珑，
金翠迷离好画屏。
两岸峰峦争秀拔，
随江九折看空舲。

西陵峡·秋韵

楚歌

元稹（唐）

三峡连天水，
奔波万里来。
风涛各自急，
前后苦相推。
倒入黄牛漩，
惊冲滟滪堆。
古今流不尽，
流去不曾回。

西陵峡·中堡岛

葺夷陵幽居

李涉（唐）

负郭依山一径深，
万竿如束碧沉沉。
从来爱物多成癖，
辛苦移家为竹林。

西陵峡·峡上新绿

过归州

钟惺 (明)

鸟逐猿回半楚天，
却云蜀道古来难。
高原倾盖仍逢水，
绝壁攀缘始见山。
大峡似多青嶂累，
空岩常带白云还。
盘旋自谓无过此，
不信前途更九湾。

西陵峡·兰草谷

荆门山

雷思霈（明）

荆门十二古江关，
上合下开如一山。
不似巫山作云雨，
石桥仙洞野花闲。

西陵峡 · 天生桥

明月峡

王铭臣（清）

峡自西陵始，
山从明月高。
云峰蹲虎豹，
石壁挂猿猱。
作赋惭秋水，
思乡问浊醪。
泊舟凌绝巘，
济胜未为劳。

西陵峡·江上石牌明月峡

西陵形胜

肖际运（清）

峨嵋巫峡紫云凝，
一路奇峰露石棱。
此地江山连蜀楚，
天钟神秀在西陵。

西陵峡 · 峡江橘红

兵书匣

李成芳（清）

纸上谈兵总是空，
不师古法乃英雄。
阴符万卷皆糟粕，
何事珍藏绝壁中。

西陵峡·兵书宝剑峡

昭君村

苏轼（宋）

昭君本楚人，
艳色照江水。
楚人不敢娶，
谁是汉妃子。
谁知去乡国，
万里为胡鬼。
人言生女作门楣，
昭君当时忧色衰。
古来人事只如此，
反复纵横安可知。

西陵峡·香溪珍珠潭

三峡吟

徐照（宋）

山水七百里，
上有青枫林。
啼猿不自愁，
愁落行人心。

西陵峡·牛肝马肺峡

香溪

 周启运（清）

闻到香溪水，
神仙旧有家。
岸低风簇浪，
滩浅石笼沙。
入盏浑疑酒，
当炉可试茶。
昭君已北嫁，
空自衬朝霞。

西陵峡·香溪源欢歌

过东灵滩入马肝峡

陆游（宋）

书生就食等奔逃，
道路崎岖信所遭。
船上急滩如退鹢，
人缘绝壁似飞猱。
口夸远岭青千叠，
心忆平波绿一篙。
犹胜溪丁绝轻死，
无时来注驾舸艚。

西陵峡·牛肝马肺大拐弯

蛤蟆碚

苏轼（宋）

蟆背似蠲盂，
蟆颐如偃月。
谓是月中蟆，
开口吐月液。
根源来甚远，
百泽春崖裂。
当时龙破山，
此水随龙出。
入江江水浊，
犹作深碧色。
禀受苦洁清，
独与凡水隔。
岂惟煎茶好，
酿酒应无敌。

西陵峡·泉水叮咚

龙溪

欧阳修（宋）

潺潺出乱峰，
演漾绿萝风。
浅濑寒难涉，
危槎路不通。
朝云起潭侧，
飞雨遍江中。
更欲寻源去，
山深不可穷。

西陵峡·三峡人家

入崆岭峡

刘肇绅（清）

峡壁千寻歼，
群峰一线开。
江声呼岸走，
山影压船来。

西陵峡·崆岭孤帆

碚石

赵熙（清）

楚蜀此分疆，
无猿亦断肠。
两山留缺口，
一步即他乡。
归信今应到，
京程梦里长。
来舟谈上峡，
七日发宜昌。

巫峽·磋石奇岩

巫峡

许儒龙（唐）

放舟下巫峡，
心在十二峰。
初见如展旗，
稍进或张篷。
美人绾高髻，
封面青芙蓉。
其余各巧匿，
半面难相逢。
森秀山木多，
变灭烟云重。
古人有佳咏，
咏赋难为工。
云山互亏蔽，
苍翠难形容。
狮象有形似，
楼观皆玲珑。
谁掷金剪刀，
锦乡裁空蒙。
奇峭无穷极，
人兽两绝踪。
盘涡送舟楫，
俄顷异西东。

夔峡·逆水行舟

巫山旅别

崔涂（唐）

五千里外三年客，
十二峰前一望秋。
无限别魂招不得，
夕阳西下水东流。

巫峡·铁棺峡

宁河晚渡

干传一

千条白练照江边，
无数歌声透晚烟。
棹到中流真自在，
浑如天上坐春船。

巫峡·大宁河

送人之巴蜀
吴之泰（明）

烟波迢递古荆州，
君去应为万里游。
倚棹遥看湘浦月，
听猿初泊渚宫秋。
云开巫峡千峰出，
路转巴江一字流。
若见东风杨柳色，
便乘春水泛归舟。

巫峡·长江从家门前过

折杨柳

梁元帝（南朝·梁）

巫山巫峡长，
垂柳复垂杨。
同心且同折，
故人怀故乡。
山似莲花艳，
流如明月光。
寒夜猿声彻，
游子泪沾裳。

巫峡·月明风清蝉静

巫山高

梁元帝（南朝·梁）

巫山高不穷，
迥出荆门中。
滩声下溅石，
猿鸣上逐风。
树杂山如画，
林暗涧疑空。
无因谢神女，
一为出房栊。

巫峡·青石春雨

暮春

杜甫（唐）

卧病拥塞在峡中，
潇湘洞庭虚映空。
楚天不断四时雨，
巫峡常吹千里风。
沙上草阁柳新暗，
城边野池莲欲红。
暮春鸳鹭立洲渚，
挟子翻飞还一丛。

巫峡·巫峡常吹千里风

巫山高

李端（唐）

巫山十二峰，
皆在碧虚中。
回合云藏月，
霏微雨带风。
猿声寒过涧，
树色暮连空。
愁向高唐望，
清秋见楚宫。

巫峡·山雨欲来

巫峡

何明礼（清）

夔门通一线，
怪石插流横。
峰与天矣接，
舟从地窟行。
乱猿昏月色，
残雁冷江声。
神女知何处，
时时云雨生。

巫峡·舟从地窟行

晴二首

杜甫（唐）

久雨巫山暗，
新晴锦绣纹。
碧知湖外草，
红见海东云。
竟日莺相和，
摩霄鹤数群。
野花干更落，
风处急纷纷。

啼鸟争引子，
鸣鹤不归林。
下食遭泥去，
高飞恨久阴。
雨声冲塞尽，
日气射江深。
回首周南客，
驱驰魏阙心。

巫峡 · 一江春水金不换

由三分水至楠市园出巫峡

张问陶（清）

倚天小立玉芙蓉，
秀绝巫山第一重。
我欲细书《神女赋》，
薰香独赠美人峰。

巫峡·倚天小立玉芙蓉

初入巫峡

范成大（宋）

钻火巴东岸，
拟金峡口船。
束江崖欲合，
漱石水多漩。
卓午三竿日，
中间一罅天。
伟哉神禹迹，
疏凿此山川。

巫峡・链子溪

感遇四首

李白（唐）

宋玉事楚王，
立身本高洁。
巫山赋彩云，
郢路歌白雪。
举国莫能和，
巴人皆卷舌。
一感登徒言，
恩情遂中绝。

巫峡·银装素裹栗子坪

巫山高

张循之（唐）

巫山高不极，　　月明三峡晓，
合沓状奇新。　　潮满九江春。
暗谷疑风雨，　　为问阳台客，
阴崖若鬼神。　　应知入梦人。

巫峡·朝霞

圣泉峰 870 米

聚鹤峰 820 米

朝云峰 820 米

巫山十二峰名缀诗

无名氏

曾步净坛访集仙，
朝云深处起云连。
上升峰顶望霞远，
月照松峦聚鹤还。
才睹登龙腾霄汉，
遥瞻飞凤弄晴川。
两岸不住翠屏啸，
料是呼朋饮圣泉。

巫峡·十二峰

上升峰 780 米

松峦峰 820 米

集仙峰 720 米

净坛峰 1020 米

起云峰 720 米

神女峰 860 米

飞凤峰 740 米

翠屏峰 740 米

登龙峰 1130 米

竹枝歌

杨慎（明）

神女峰前江水深，
襄王此地几沉吟。
丽华温玉朝朝恋，
翠壁丹枫夜夜心。

巫峡·神女溪

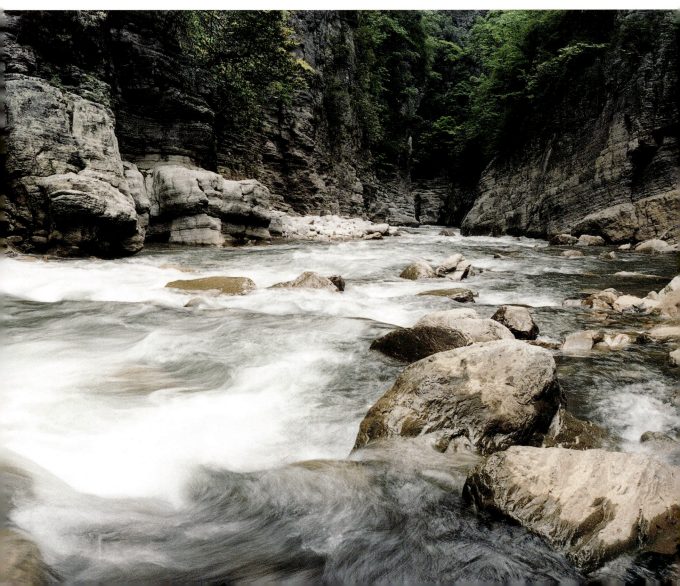

宿巫山

李白（唐）

昨夜巫山下，
猿声梦里长。
桃花飞绿水，
三月下瞿塘。
雨色风吹去，
南行拂楚王。
高丘怀宋玉，
访古一沾裳。

巫峡·天光云影

过楚宫

李商隐（唐）

巫峡迢迢旧楚宫，
至今云雨暗丹枫。
微生尽恋人间乐，
只有襄王忆梦中。

巫峡·飞凤峰顶瞰巫峡

巫山一段云（二首）

赵孟頫（元）

叠嶂千重碧，
长江一带清，
瑶坛霞冷月桄明，
欹枕若为情？
云过船窗晓，
星移宿雾晴。
古今离恨拨难平，
惆怅峡猿声。

片月生危岫，
残霞拂翠桐，
登龙峰下楚王宫，
千古感遗踪。
柳色眉边绿，
花明脸上红。
欲寻灵迹阻江风，
离思杳无穷。

巫峡·青石两岸

舟过巫峡

卢谦（明）

日落瞿塘上，
猿啼两岸空。
山藏神女庙，
浪接楚王宫。
飞峡云容白，
悬江树影红。
推蓬才一瞬，
已过万山中。

巫峡·望霞乡

巫峡

张问陶（清）

云点巫山洞壁重，
参天乱插碧芙蓉。
可怜十二奇峰外，
更有零星百万峰。

巫峡·百万大山奔眼底

巫山高

陆敬（唐）

巫岫郁岧峣，
高高入紫霄。
白云抱危石，
玄猿挂迥条。
悬崖激巨浪，
脆叶陨惊飙。
别有阳台处，
风雨共飘摇。

巫峡 · 一镜难求

峡中

何景明（明）

自昔偏安地，　　浊浪鱼龙黑，
于今息战侵。　　寒天日月阴。
江穿巫峡险，　　夜猿啼不尽，
山凿鬼门深。　　凄断故乡心。

巫峡 · 秋风又过大宁河

赋得巫山高诗

王泰（南朝·梁）

迢递巫山竦，
远天新霁时。
树交凉吉远，
草合影开迟。
谷深流响咽，
峡近猿声悲。
只言云雨状，
自有神仙期。

巫峡·千年古樟

巫山神女庙

  刘禹锡 （唐）

巫山十二郁苍苍，
片石亭亭号女郎。
晓雾乍开疑卷幔，
山花欲谢似残妆。
星河好夜闻清佩，
云雨归时带异香。
何事神仙九天上，
人间来会楚襄王。

巫峡·独立千古

巫山高

刘绘（南朝·齐）

高唐与巫山，
参差郁相望。
灼烁在云间，
氛氲出霞上。
散雨收夕台，
行云卷晨障。
出没不易期，
婵娟以惆帐。

巫峡·翠屏

巫山高

解缙（明）

巫山高高十二峰，
连岩叠嶂如游龙。
当时阳台下神女，
翠敛红销空处所。
朝朝峡里望泉壶，
可怜犹似作行云。
相思已下沾裳泪，
况复猿声不可闻。

巫峡·跳石

苏武慢·江亭远眺

韩守益（明）

地涌岷峨，
天开巫峡，
江势西来百折。
击楫中流，
投鞭思济，
多少昔时豪杰。

鹤渚沙明，
鸥滩雪净，
小艇鸣榔初歇。
喜凭阑、握手危亭，
偏称诗心澄沏。

还记取、王粲楼前，
吕岩矶外，
别样水光山色。
烟霞仙馆，
金碧浮图，
尽属楚南奇绝。

紫云箫涛，
绿醑杯停，
咫尺夏宵明月。
拚高歌、一曲清词，
遍沏冯夷宫阙。

巫峡·大面山远眺

题巫峡图

　　吴澄（元）

生乎想象高唐赋，
不识巫山十二峰。
忽有奇观来眼底，
一时疑似梦魂中。

巫峡·忽有奇观来眼底

巫山道中

黄辉（明）

未曾五里已三溪，
几许寒崖挂断霓。
乱石垒成春雪礁，
断桥横作上天梯。

巫峡·断桥横作上天梯

送李少府贬峡中,王少府贬长沙

高适(唐)

嗟君此别意何如,
驻马衔杯问谪居。
巫峡啼猿数行泪,
衡阳归雁几封书。
青枫江上秋帆远,
白帝城边古木疏。
圣代即今多雨露,
暂时分手莫踌躇。

巫峡·大溪骝马古道

畬田行

刘禹锡（唐）

何处好畬田，
团团缦山腹。
钻龟得雨卦，
上山烧卧木。
惊麇走且顾，
群雉声咿喔。
红焰远成霞，
轻煤飞入郭。
风引上高岑，
猎猎度青林。
青林望靡靡，
赤光低复起。
照潭出老蛟，
爆竹惊山鬼。
夜色不见山，
孤明星汉间。
如星复如月，
俱逐晓风灭。
本从敲石光，
遂至烘天热。
下种暖灰中，
乘阳拆芽蘖。
苍苍一雨后，
茗颖如云发。
巴人拱手吟，
耕耨不关心。
由来得地势，
泾寸有余阴。

龙胜峡・丰年多月色相似

白盐山

杜甫（唐）

卓立群峰外，
蟠根积水边。
他皆任厚地，
尔独近高天。
白牓千家邑，
清秋万估船。
词人取佳句，
刻画竟谁传。

瞿塘峡·白盐山

夔州歌

杜甫（唐）

赤甲白盐俱刺天，
阆阎缭绕接山巅。
枫林橘树丹青合，
复道重楼锦绣悬。

瞿塘峡·栈道

酬乐天扬州初逢席上见赠

刘禹锡（唐）

巴山楚水凄凉地，
二十三年弃置身。
怀旧空吟闻笛赋，
到乡翻似烂柯人。

沉舟侧畔千帆过，
病树前头万木春。
今日听君歌一曲，
暂凭杯酒长精神。

瞿塘峡 · 尽览八千米瞿塘

寻张逸人山居

刘长卿（唐）

危石才通鸟道，
空山更有人家。
桃源定在深处，
涧水浮来落花。

瞿塘峡·黑石印象

登高

 杜甫（唐）

风急天高猿啸哀，
渚清沙白鸟飞回。
无边落木萧萧下，
不尽长江滚滚来。
万里悲秋常作客，
百年多病独登台。
艰难苦恨繁霜鬓，
潦倒新停浊酒杯。

瞿塘峡·黄金水道

卧龙山

丁谓（宋）

日长春老职司闲，
纵辔因寻负郭山。
花气半飘青霭外，
泉声多在白云间。
香灯肃肃严僧事，
钟梵萧萧爽客颜。
坐有诗人樽有酒，
拟抛城市宿禅关。

瞿塘峡·春风无语戏白云

瞿塘行

易顺鼎（清）

两崖插空起如削，
一线青螟瞰荆鄂。
巫峡千帆地底来，
岷江匹练天边落。
西来万派气何骄，
一柱双门横截腰。
关随象马为开闭，
石与鱼龙争长消。
孤根突出三篙水，
峡转舟轻初逦迤。
惨淡犹惊虎穴旁，
空蒙渐度猿声里。
黑石黄嵌俱有情，
白盐赤甲更相迎。
昔愁滟滪如拳大，
今见瞿塘似掌平。

瞿塘峽·兩岸插空起如削

夔州歌

杜甫（唐）

中巴之东巴东山，
江水开辟流其间。
白帝高为三峡镇，
瞿塘险过百牢关。

瞿塘峡·瞿塘险过百牢关

白帝层峦

王知人（清）

层峦高耸郁嵯峨，
粉堞连宵塞马过。
霸业鼎成绵汉祚，
雄图割据并机梭。
惟馀青峰千年在，
剩有白云薄暮多。
一带斜阳流水岸，
不堪重诵大风歌。

瞿塘峡·库区牧羊

峡哀

孟郊（唐）

三峡一线天，
三峡万绳泉。
上仄碎日月，
下掣狂漪涟。
破魂一两点，
凝幽数百年。
峡晖不停午，
峡险多饥涎。
树根锁枯棺，
孤骨袅袅悬。
树枝哭霜栖，
哀韵杳杳鲜。
逐客零落肠，
到此汤火煎。
性命如纺绩，
道路随索缘。
奠泪吊波灵，
波灵将闪然。

同耿明府登白帝城

袁茂英（明）

夔子城边白帝台，
江流环抱气雄哉！
巴渝东下山为坼，
象马中屯古作堆。
古庙千秋鱼水会，
安流今日棹歌来。
双旌拂拭浮云净，
笑挽天河荡酒杯。

瞿塘峡·两岸猿声啼不住

初入峡有感（节选）

白居易（唐）

上有万仞山，
下有千丈水。
苍苍两崖间，
阔狭容一苇。

瞿塘峡·千里江陵一日还

瞿塘行

陆游（宋）

四月欲尽五月来，　　千艘万舸不敢过，　　一朝时去不自由，
峡中水涨何雄哉！　　篙工柁师心胆破。　　山腹空有沙痕留。
浪花高飞暑路雪，　　人人阴拱待势衰，　　君不见陆子岁暮来夔州，
滩石怒转晴天雷。　　谁敢转汋犯奇祸。　　瞿塘峡水平如油。

瞿塘峡·万险一舟安

瞿塘怀古

杜甫（唐）

西南万壑注，
劲敌两崖开。
地与山根裂，
江从月窟来。
削成当白帝，
空曲隐阳台。
疏凿功虽美，
陶钧力大哉。

瞿塘峡·晨晖

题三峡堂

郭明复（宋）

三峡堂前五月风，
吴樯蜀柁古来通。
山如肺附重相掩，
水似连环去不穷。
跃马孤城怜促弱，
卧龙八阵想英雄。
凭阑千古兴亡事，
何异邯郸一枕中。

瞿塘峡·西江石壁

白帝城

曾慥（宋）

白帝城头路，
逶迤一径遥。
高堂临峡口，
暴水没山腰。
隔岸渔施网，
横江铁贯桥。
神妃翻覆手，
愿赐雨连宵。

瞿塘峽·白帝湖

瞿塘峡

张问陶（清）

峡雨蒙蒙竟日闲，
扁舟真落画图间。
便将万管玲珑笔，
难写瞿塘两岸山。

瞿塘峡·会当凌绝顶

登白帝城

安磐 （明）

太守留宾酒故迟，
瘦筇芒屐蹑丹梯。
江声不起寒风静，
树色斜连白日低。
北斗望回三峡外，
故乡心隔万山西。
公孙老去荒祠废，
粉堞崇墉半已迷。

瞿塘峡·水八阵白帝城

白帝

杜甫（唐）

白帝城中云出门，
白帝城下雨翻盆。
高江急峡雷霆斗，
古木苍藤日月昏。
戎马不如归马逸，
千家今有百家存。
哀哀寡妇诛求尽，
恸哭秋原何处村。

瞿塘峡·白帝城观星亭

瞿塘峡

张衍懿 （清）

历数西南险，
瞿塘自古闻。
水从天上落，
路向石中分。
如马惊秋涨，
哀猿叫夕曛。
乘流千里急，
回首万重云。

瞿塘峡·赤甲晴晖

长江

杜甫（唐）

众水会涪万，
瞿塘争一门。
朝宗人共挹，
盗贼尔为尊？
孤石隐如马，
高萝垂饮猿。
归心异波浪，
何事即飞翻？

瞿塘峡 · 瞿塘如镜平

下江向夔州

张说（唐）

天明江雾歇，
州浦棹歌来。
绿水随流去，
青山相向开。
城临蜀地祀，
云接楚王台。
旧识巫山上，
游子共徘徊。

瞿塘峡·白盐山

夜入瞿塘峡

白居易（唐）

瞿塘天下险，
夜上信难哉。
岸似双屏合，
天如匹练开。
逆风惊浪起，
拔簜暗船来。
欲识愁多少，
高于滟滪堆。

瞿塘峡·夜航

瞿塘上峡

沈庆（明）

三峡瞿塘据上游，
险由天设古今愁。
云烟黯树猿猱下，
风浪翻江贾客愁。
山势西采开蜀道，
水声东会会湘流。
天桥铁柱连环锁，
驻节看碑忘远游。

瞿塘峡·锁江铁柱

下江陵

李白（唐）

朝辞白帝彩云间，
千里江陵一日还。
两岸猿声啼不住，
轻舟已过万重山。

瞿塘峡·朝辞白帝

后 记

　　历史上不乏为三峡诗词配画的先例，那多是笔墨写意，可随心所欲。摄影作品配三峡诗词，要恰到好处，难度较大，此前并不多见。1988年，我曾全程陪同中国当代著名词作家乔羽先生在长江三峡采访，那时我已拍摄了不少三峡风光的照片，萌发做一本诗画三峡的书的念想正是那次难忘的三峡之行，后来由于诸多杂事的纷扰此事一搁就是二十多年。

　　2016年春，一次与中国三峡出版传媒有限公司副总经理冯志杰博士的闲聊中提及此事，方知出版社也有这类选题的计划，双方一拍即合，紧锣密鼓地挑选照片，选配历代吟咏三峡的词诗，设计排版，《诗画三峡》出笼。

　　三峡是中国文学的骄傲。

　　2003年，长江三峡水利枢纽工程蓄水前夕，考古工作者在奉节县白帝城西的长江边发掘出一处晋朝时期的客货运输码头遗址，有人推断当年李白流放夜郎途中遇赦，是在这里乘舟东下江陵，写下了流传千古的《下江陵》，时在唐肃宗乾元二年（759）。世人从"朝辞白帝彩云间，千里江陵一日还，两岸猿声啼不住，轻舟已过万重山"认识了李白，三峡也因这首诗家喻户晓。

　　奉节县城"依斗门"名自杜甫《秋兴》头两句，"夔府孤城落日斜，每依北斗望京华。"诗人杜甫客居奉节两年，创作诗歌480多首。古往今来的文人墨客大凡经过三峡，都会留下好诗佳词，让浩若繁星的三峡诗文和旖旎的山水风光构筑了千古三峡诗画廊。屈原、李白、杜甫、孟浩然、王维、刘禹锡、白居易、柳宗元、元稹、李商隐、李贺、欧阳修、司马光、苏洵、苏轼、苏辙、黄庭坚、陆游、张问陶、毛泽东、郭沫若、陈毅等名家写三峡的诗词与江山长存、与日月同辉，是中国历史文化宝库中的精品。为这些诗词配画是一种荣幸，是一次再学习，是用现代科技成果阐释传统文化的尝试。

　　本书中挑选的照片时间跨度从二十世纪七十年代中期至2016年春，所谓新、老三峡尽收其中，这样可以看到三峡的变化和历史的延续。

　　四十多年来，我把人生最好的年华交给了三峡的摄影，收获了痛苦与欢乐。我一直记着乔羽先生在《巫山神女之歌》中对神女的赞美："年年岁岁、朝朝暮暮，雄视百代，独立千古。我把议论付与古住今来的过客，我把豪情献给风涛万里的船夫。"

　　我的家人多年来在我的摄影工作中给予了无微不至的支持，这也是我能完成此书的动力。冯志杰、郑斌、王弘、祝为平、郑杰、姚一龙、熊伟等众多朋友和责任编辑周娜在本书编辑、制作中给予的无私支持与帮助，我铭记在心，并永远感激他们。

宋华久